LE SANG DE

LOIC KAMTCHOUANG

Editions Canaan, 2020

Introduction

Ce travail est rédigé à la mémoire de Loïc Kamtchouang qui a perdu la vie dans la violence la plus barbare. Il est le fruit d'une enquête retraçant l'évolution de la courte existence du jeune homme et de ses derniers jours. C'est à la suite de la diffusion de la vidéo du lynchage de Kamtchouang que je décide de me rendre à Belleville afin de comprendre l'explosion de l'ultraviolence intercommunautaire. Cet ouvrage m'a permis de me pencher sur les raisons qui nous poussent à faire preuve d'indifférence lorsque nos jeunes s'entretuent. Ainsi, il se veut être un sujet de lecture menant à la prise de conscience quant à la brutalité du décès de Loïc. Les noms des protagonistes ayant commis le crime ne seront pas cités, et ce, sciemment. Par souci de justice tout d'abord, je précise qu'au moment de la publication de cet essai, la date du procès n'a pas encore été dévoilée puisque l'enquête se poursuit- mais aussi par volonté de mettre la lumière sur la sphère des rejetés à laquelle Kamtchouang appartenait. En effet, l'obstacle le plus difficile qui s'est offert à moi fut la solitude à laquelle je fis face quant à l'interprétation des silences , soit ceux de la communauté, mais aussi de la victime elle-même connue dans son environnement comme étant introvertie, voire effacée.

Comment écrire sur un jeune homme à la vie tragique, sans détenir la moindre photo, la moindre vidéo ou le moindre fichier audio ? Chercher à connaître Loïc s'est avéré être un des combats les plus difficiles. En effet, après son meurtre, il avait comme totalement disparu. Je ne parvenais pas à déceler la présence de son âme. Je n'avais face à moi que les silences et les mystères. Ces deux seuls éléments furent la base de mon travail. Je me devais donc de construire et de bâtir par mes propres forces, sans le soutien du peuple africain de France, ou des médias.

J'ai volontairement décidé d'écourter la longueur du livre afin que le support de lecture soit à l'image de Loïc. Ce dernier ne voulait pas être une charge pour les autres et a refusé de demander de l'aide préférant fuir la brutalité de notre politique qui nourrit l'indifférence face aux individus souffrant du manque. En raison de la honte qu'il éprouvait, Kamtchouang a préféré s'amoindrir et disparaître, se diminuer, se faire petit, afin de ne pas déranger autrui. Pour cela, le format de cette œuvre lui ressemble.

Je remercie les membres de l'Association Aires 10, l'association Denaba, tout particulièrement les mamans africaines qui m'ont nourrie et accueillie, et qui, par leur courage, luttent tous les jours pour protéger les jeunes de la violence quotidienne. Je remercie Awa en qui j'ai trouvé une grande sœur. La rédaction de cet ouvrage n'aurait pas été possible sans ses témoignages.

Ces mots vont vers les individus ayant soutenu et aimé Loïc dans sa détresse, dont personne ne parle. Je les dédie à sa mère, restée au Cameroun, à sa petite sœur, à son grand-frère, et aux membres de sa famille qui l'ont aimé.

Pour tous ceux qui savaient, mais n'ont jamais rien dit ou fait, je n'ajouterai rien de plus. Que le poids pèse sur vos épaules.

VKY

Le Sang de Loïc Kamtchouang

Dans la nuit du 5 au 6 juillet 2018, dans le quartier de Belleville en région parisienne, à l'angle des rues Tesson et Saint-Maur, un jeune homme franco-camerounais du nom de Loïc Kamtchouang est pris à partie par une vingtaine de jeunes noirs issus d'un quartier rival, celui de la Grange-aux-Belles, et lynché, mutilé et poignardé par ces derniers. La vidéo qui a circulé sur les réseaux sociaux montre l'attroupement d'une meute encerclant une victime au sol. On remarque que certains sont au-dessus d'elle et que d'autres la frappent à même le sol, bien que celle-ci soit inanimée.

Filmée dans la nuit, l'image met même en lumière l'ombre d'un de ses agresseurs qui assène au cadavre un coup de crosse. Puis, après le lynchage, tous remontent dans des voitures noires, et l'un des lyncheurs tire le corps de la victime sans vie sur le bas-côté du trottoir avant de lui asséner des coups de pied. Les tueurs s'enfuiront en voiture ou à pied. Les passants auraient alors alerté les secours qui, arrivés bien trop tard, n'ont pas su réanimer le jeune homme, décédé à la suite de ses blessures.

Les membres de l'association de quartier vers qui j'ai pu me tourner étaient sous le choc à l'annonce du décès de Loïc. Ce dernier fut décrit comme un jeune homme sans histoire, poli, effacé et très discret. Dans ce quartier du secteur de Belleville, la mixité sociale semble être une valeur sûre. En vérité, deux catégories sociales se côtoient, celle des bourgeois de gauche friands du monde artistique et celle des jeunes de la rue, en décrochage scolaire, attirés par la drogue. La vie qui s'y dégage laisserait donc penser à l'étranger qui visite le secteur que tous les habitants se mélangent. Bien qu'il n'y ait pas de barbelés en tant que tels, la séparation se remarque, car certains jeunes ne vont pas au-delà d'une certaine ligne géographique où la culture commence à s'embourgeoiser.

Cependant, les associations Denaba et Aires 10, se trouvant juste en face du lieu du crime, tentent de s'organiser afin d'aider les jeunes issus de ces milieux défavorisés. Tous les lundis et vendredis, les mamans africaines du secteur se réunissent afin de cuisiner pour le restaurant du quartier. Ces femmes noires courageuses, majoritairement originaires d'Afrique de l'Ouest, ont réuni leurs forces afin de lutter contre ce fléau de violence intercommunautaire. Néanmoins, malgré leurs efforts et leur courage, ces mamans africaines aimantes sont dépassées et font face à l'abandon.

Des médias, certainement, mais surtout d'autres membres de la communauté qui ne les regardent pas. En ce sens, ces femmes ne jouissent pas d'une bonne plateforme leur permettant d'accroître leur visibilité. Elles travaillent donc dur, mais sombrent dans l'oubli, sans jamais se plaindre. En vérité, elles savent que Loïc n'est pas le seul, que d'autres sont morts avant lui et qu'elles sont les témoins impuissantes d'un cycle d'ultraviolence qui ronge et détruit la vie de leurs fils. Il faudrait donc de plus grandes structures et cuisiner ne suffit plus à atténuer la haine grandissante.

Cependant, le cas de Loïc n'est pas similaire aux autres. En effet, si la brutalité entre gangs doit être sanctionnée, la mort de Kamtchouang relève d'une explosion de la violence gratuite au sein de la communauté noire de France. Un cran a été franchi, car les membres des associations populaires luttant contre la guerre des gangs ont été dépassés par des groupes agressifs qu'ils n'ont pas su maîtriser au fil des années.

Auparavant, les gangsters ne s'attaquaient qu'entre eux. En ce sens, cette violence était présente, mais rassurante pour les passants, car seuls les criminels s'entretuaient. Néanmoins, cette violence même aurait dû être éradiquée, car les débordements étaient inévitables. Entre la violence restreinte aux membres de gang et les attaques de gangs allant à l'encontre des innocents il n'y a qu'un pas : l'état d'esprit du criminel. Il n'y a ni raison ou ni limites dans le crime. En ce sens, le passage à l'acte quant à l'agression d'un innocent était inévitable.

Loïc a été victime de cette escalade. Selon les témoignages des habitants du quartier, lorsque les membres de la cité rivale sont descendus pour commettre le meurtre, tous les jeunes garçons qui erraient en bas, au quartier, ont eu le réflexe de fuir. Sauf Loïc. Ce dernier n'était membre d'aucun gang et n'était pas connu des services de police. Jeune garçon effacé et discret, il a eu le malheur de se retrouver au mauvais endroit au mauvais moment. Confronté à ses bourreaux, il s'est retourné, les a fixés, sans bien comprendre ce qui lui arrivait, et est resté sur place. Il fut par la suite attrapé, renversé, puis sauvagement lynché.

Lorsque je me suis rendue sur place pour la première fois au début du mois de février 2019, je me suis présentée à l'association Aires 10 où se trouvent également les membres de l'association Denaba. Si les médias avaient brièvement fait part du meurtre en juillet, celui-ci est longtemps resté inaperçu jusqu'au jour où le nom d'un célèbre rappeur fut mentionné.

Loïc apparait donc, dès le début, comme un fantôme, et ce, même dans sa propre mort. Tout d'abord, aucune photo de lui ne circule sur les réseaux sociaux. Il avait pourtant un grand frère et une petite sœur. Ancien élève brillant, Loïc était un surdoué ayant sauté plusieurs classes. Cependant, seule une peinture fait office de portrait. Troublée, j'ai alors cherché à savoir pourquoi et comment ceux qui disaient le connaître n'avaient pas une seule image de lui ? Une telle chose aurait été compréhensible dans les années 1980, mais pas en 2019, à l'heure où la technologie capture les instants les plus superflus. Et pourtant, même à l'apogée de la technique, Loïc demeure invisible. Selon les témoins qui l'ont côtoyé, Kamtchouang était effacé. Tous s'accordent à dire que son regard était absent. Extrêmement discret, il refusait de se laisser aller à la confession en raison d'un caractère marqué par le mystère. Serviable, il me fut présenté comme un jeune homme ayant toujours l'air d'être "ailleurs". Cependant, c'est au moment du rassemblement qui eut lieu quelques jours après son décès dans le quartier que les membres de l'association Denaba, du moins un grand nombre, ont appris que Loïc était sans domicile fixe.

Né au Cameroun, le 22 avril 1995 et arrivé en France avec son oncle en compagnie de sa petite sœur, Kamtchouang grandit loin de ses parents biologiques et notamment de sa mère restée en Afrique. Il est élevé par cet oncle que les habitants du quartier croyaient être son père. Quelques années avant sa mort, Loïc rentre au Cameroun pour y débuter une nouvelle vie, selon les plans de son oncle, qui cherche à s'en débarrasser. Mais, les choses ne s'étant pas passées comme prévu, il finit par revenir à Paris, malgré la colère de son oncle qui lui ferme la porte, le laissant dormir dans la cage d'escalier deux étages plus bas. La relation familiale est au bord de l'implosion, le jeune homme étant victime de maltraitance de la part de son supposé père. Ce dernier met donc Loïc et sa petite soeur, jugés trop encombrants, à la rue. Si la jeune fille parvient à rebondir en trouvant un logement, ce ne sera pas le même sort pour Loïc. Bien qu'elle lui ait proposé de venir vivre avec elle quelque temps, il n'a jamais voulu accepter, l'ayant rassurée sur son état. En vérité, Kamtchouang vire dans une spirale de drogues et de pauvreté. Pour se justifier sur son geste incompréhensible, l'oncle aurait assuré avoir mis son neveu à la porte en raison du décrochage scolaire et d'une supposée conversion à l'islam de la part de son neveu.

Ainsi, dans la maltraitance, l'oncle vivant au premier étage de son immeuble croise un Loïc abattu, errant dans la rue, logeant dans la cage d'escaliers du parking au niveau -2 de l'immeuble familial. Conscient de l'état de pauvreté extrême de son neveu qu'il voyait tous les jours vivant la misère, il n'a jamais jugé bon de le ramener chez eux, quelques étages plus hauts, malgré les supplications de quelques voisins. Des voisins et la gardienne de l'immeuble se sont unis pour entreprendre ses démarches en lui servant de guide, lui indiquant les endroits dans lesquels il pouvait se rendre afin de se doucher et manger.

Malgré sa douleur quotidienne, les membres de l'association Denaba affirment que Kamtchouang ne laissait rien paraître. S'il fut jugé comme étant "à part", il s'habillait comme

les autres jeunes et n'entrait pas dans les codes
du sans domicile fixe ordinaire.

Au fil des mois, après avoir connu bien trop de
souffrances, Loïc commence peu à peu à
s'abandonner à lui-même, à se renfermer.
Cette "absence" du regard dont beaucoup
témoignent n'est que la traduction d'un début
de folie dans laquelle le jeune homme sombre
petit à petit, tant la dépression s'empare de
son esprit. Puis, à cela s'est ajoutée la
consommation de drogues avec les autres
jeunes du quartier. Mais grâce à l'aide d'une
voisine, Kamtchouang parvient à remonter la
pente.

Cette dernière, prise de compassion, réussit à lui trouver un emploi dans la restauration avec l'aide de son fils. Kamtchouang a trouvé un travail, mais ne s'y est jamais rendu, après que des barbares l'ont assassiné. Quelques mois plus tard, le résultat est sans appel. La famille de Kamtchouang est introuvable, injoignable et la mémoire du jeune homme s'enfonce de plus en plus dans l'oubli et l'indifférence la plus totale. Il devient la croix qui s'ajoute au reste des autres victimes de meurtres intercommunautaires.

En ce sens, sa condition n'intéresse personne sur les réseaux sociaux et encore moins dans les médias noirs français, bien trop occupés à se focaliser sur le sensationnalisme, mais pas sur les affaires telles que celle de Loïc.

Avant de poursuivre, il est primordial de comprendre l'importance de la dimension sociale de Loïc, quant à l'indifférence des membres de la communauté noire à son égard. Ce mépris s'explique par la pauvreté dans laquelle il vivait ; Kamtchouang était SDF, soit un tabou communautaire.

Les Noirs n'ont pas, dans leur majorité, manifesté d'intérêt pour Loïc, car la barbarie intercommunautaire est destinée à ceux que l'on considère comme des cas sociaux ou issus des classes sociales les plus basses. En ce sens, cette indifférence est une façon de s'enfoncer dans le silence et l'hypocrisie afin de taire l'inaptitude des Noirs à organiser et gérer leur communauté. Et l'explosion de l'ultraviolence au cours de ces vingt dernières années en France, dans les banlieues, le prouve. Beaucoup de jeunes issus de la diaspora n'ont pas hésité à blâmer la victime quelque temps après le meurtre ; "pourquoi n'était-il pas chez lui ?", cherchant ainsi à amoindrir la barbarie de sa mort. Cette tentative de minimisation relève d'une tactique ordinaire visant à cacher tous les dysfonctionnements existant dans nos sphères les plus pauvres. Nous assistons à un désintérêt aussi bien des intellectuels noirs, qui ignorent délibérément les cas comme ceux de Loïc en raison d'un problème de mépris de classe sociale, que de la classe moyenne, noire, elle-même accablée par les problèmes économiques, noyés dans l'hyperconsommation et l'industrie du divertissement. En ce sens, nul ne parvient à gérer la disparité sociale et l'ultraviolence.

L'extrême pauvreté dans laquelle Loïc a vécu au cours des dernières années de sa vie a été un facteur déterminant quant au jugement communautaire. L'absence de famille derrière le cas du jeune homme le rend invisible, faisant de lui un être anormal qui a inconsciemment mérité sa mort. Car aux yeux des Africains, un Noir sans famille est un anormal. Sans vraiment l'affirmer, ceci constitue une anomalie qui justifie sa mort épouvantable. Le fait qu'il ait été SDF suscite un effroi duquel découle une distance de la part du public. De son vivant, Kamtchouang avait subi la double pression sociale que bon nombre de jeunes hommes noirs expérimentent.

Il fut décrit comme discret, car contraint d'intérioriser sa misère sociale en ne laissant rien paraître de sa condition.

L'homme noir a pour obligation d'enfouir son ressenti et de redoubler d'efforts continuellement, par revanche historique. En ce sens, il est le bâtisseur, la fondation, et ne peut se permettre d'échouer. Loïc ne remplissait pas ces critères et était devenu un paria de la République. Il évoluait dans un monde où les communautés sont condamnées à garder la tête haute et à ne jamais faiblir. Les jeunes noirs nourrissent le paraître pour combattre le syndrome de l'échec, et Loïc était à leurs yeux cet "échec".

Il fut donc jugé et critiqué par une communauté, car ayant été incapable de se sortir de la chute, bien que son groupe social n'ait jamais su se structurer pendant près de quarante ans de présence en France.

Le plus grand problème de l'affaire Loïc, en plus de la précarité sociale, provient de l'hypocrisie de la communauté noire. Dans sa grande majorité, la diaspora africaine de France, tous pays confondus, est bien plus arriérée sur les plans économique et social que celle de la Belgique ou de bien d'autres pays de l'Europe. Contrairement aux Antillais qui, présents en France depuis des siècles, ont donné à la France de grands hommes et de grandes femmes en sciences, en littérature, en stratégie militaire, politique et artistique, les membres de la diaspora africaine n'ont rien proposé. Elle incarne donc une structure en éternel balbutiement. Manipulable et adepte de la société consumériste, elle est politiquement faible. Descendante pour sa majeure partie des empires coloniaux, elle est, historiquement parlant, le fruit de l'échec, soit un critère qui justifie alors l'incapacité de ses membres à entreprendre et une facilité à jouer de la victimisation pour expliquer son inaptitude à dominer.

En raison des différences ethniques qui la constituent, la communauté africaine de France n'a pas d'identité propre et ne sait pas faire preuve de cohésion et de solidarité. Rien ne l'intéresse vraiment et son indignation est calculée, voire activée sur demande. Non, pas par sentimentalisme, mais par sensationnalisme. Elle ne possède pas, mais subit et réclame malgré tout d'être respectée, sans comprendre que le statut d'un peuple se travaille au fur et à mesure, que cela passe par la remise en question, mais surtout par l'amour de soi.

Donc, à défaut d'avoir su construire en plus de quarante ans sur le sol français, les diasporants visent à camoufler leurs échecs sociaux derrière des causes faussement héroïques. Obnubilée par la période coloniale, elle reste figée dans une vision manichéenne dans laquelle elle se perçoit comme une perpétuelle victime opprimée par le Blanc. Son monde ne s'organise qu'autour de ce dernier. Soit les diasporants cherchent à user de leur charme pour attirer la faveur de celui-ci, soit ils s'organisent en groupe politique dénonçant le racisme, mais dont la finalité est d'être inclus dans le récit du Blanc et d'être élevés en son rang.

La plupart des militants antiracistes noirs l'ont prouvé. Tous crient au racisme tout en profitant de l'élitisme et de l'élévation de leur position accordée par des médias blancs.

L'usage de cette dialectique satisfait les médias noirs qui ne se soucient pas du combat proafricain. En effet, leur objectif est d'exploiter la souffrance du passé afin d'assurer leur propre promotion. L'exploitation du "déjà vu", de l'esclavage, de la colonisation assure la protestation ethnique qui n'a jamais été aussi rentable. Une fois placés dans leurs sphères médiatiques les plus influentes, ces pseudo-journalistes noirs africains ne se soucient plus de la condition des plus démunis. Ils se préoccupent des problèmes communautaires, de manière superflue, souvent sans avoir de sources, puis se retirent et refusent de traiter des problèmes des banlieues de peur que leur manipulation ne s'effondre. Ils veulent créer l'image d'un "Nouvel Homme Noir", fort, indépendant, entrepreneur, soit un personnage inexistant excluant les individus les plus faibles comme Loïc. Ces médias noirs cherchent donc la reconnaissance du dominant blanc en usant de l'exploitation des autres.Cette manigance est la raison de leur silence dans notre affaire. Pourquoi ? Cette propagande d'unité communautaire inexistante persiste, car le racisme des Noirs de la diaspora se trouve dans la classe sociale. Contrairement aux messages rassembleurs mis en avant par les médias franco-africains et dirigés par leurs sous-leaders, les diasporants sont de grands protecteurs de la séparation des castes, au même titre que la vision des colons espagnols et portugais en Amérique latine qui organisaient leur société et assuraient leur domination à travers le respect de la hiérarchie sociale. Ainsi, la culture des banlieues est exploitable, pour la musique notamment, mais elle comporte bien trop de contre-vérités sociales qui faussent les arguments mensongers des médias noirs. Le néo-bourgeois noir méprise le banlieusard et exclut ce dernier de sa sphère bien que tous deux aient été élevés en banlieue. Mais en raison de sa réussite, il considère qu'il diffère du Noir le plus pauvre. Cependant, le vrai pouvoir vient de celui qui demeure en bas. Il est au niveau de la fondation. Si celle-ci s'effondre et se fissure en raison du crime et de la violence, alors la communauté toute entière en demeurera instable et détruite. Cette dysfonction résonnera au sommet de la pyramide et touchera le néo-bourgeois élitiste. La violence au sein de la sphère des plus faibles fausse le récit d'une pseudo-existence d'un "Nouvel Homme Noir Indestructible".

L'explosion de l'ultra-violence serait donc la conséquence d'une accumulation d'un laissez-faire tout au long de plusieurs décennies de la part des dirigeants/intellectuels noirs bourgeois, mais aussi de la part de la classe moyenne. Une communauté incapable de se prendre en charge politiquement et socialement sera toujours inapte à gérer davantage. En effet, on ne peut pas parler d'une communauté afro-française, mais de plusieurs. Celles-ci sont à l'image des gouvernements africains, morcelés, divisés, chacun cherchant sa part du gâteau et son propre pouvoir. Il n'est plus question de trouver une cohésion en tant que groupe homogène, mais de nourrir l'égo en répondant à la question de savoir qui exploitera le plus sa communauté et qui deviendra son prochain héros aux yeux des médias, à l'image de l'affaire Adama Traoré, savamment exploitée par une grande machine médiatique, cherchant à importer le mouvement Black Lives Matter en France. Cette surenchère des cas de violences policières et le soutien des célébrités noires réclamant justice par le biais des réseaux sociaux en est une preuve considérable. De là s'opère une déconnexion entre le monde réel des violences et celui du fantasme, de celui de l'incarnation d'un pseudo-révolutionnaire. Les diasporants aiment exploiter les causes victimaires afin de nourrir une politique consciente inexistante, car sélective et opportuniste. Selon eux, un bon Africain est un Africain révolutionnaire. Cependant, leur révolution n'est jamais marquée par la peine, elle est superficielle, car déjà servie et approuvée par les médias blancs. En ce sens, ces derniers forment un système opaque visant à bloquer les véritables problèmes de fond similaires à ceux de Loïc Kamtchouang.

La guerre contre le racisme dans les milieux populaires et contre les politiciens cherchant à réguler les flux migratoires en sont l'expression. Aucun diasporant ne veut voir la mise en place d'une politique migratoire imposée, en affirmant que tant que l'Europe spolie l'Afrique, tous les migrants subsahariens auraient un droit. Or, cette réflexion est mauvaise, car le phénomène d'immigration massive est un dérèglement tant pour l'Afrique que pour l'Europe. Un continent appauvri est privé de ses cerveaux, pis encore, des milliers d'entre eux meurent noyés dans l'océan. Une fois de plus, la déconnexion entre le monde réel (la mort, le dérèglement migratoire, les séparations familiales) et leurs propres désirs irrationnels (l'Afrique -qu'ils voient de loin- est spoliée donc les migrants doivent venir en Europe) s'opère.

Le grand drame de ces problèmes migratoires que l'on rencontre tous les jours est la séparation des familles et l'existence de jeunes hommes et femmes noirs abandonnés à leur propre sort une fois arrivés en France, comme ce fut le cas pour Loïc. Aux problèmes de violence dans les banlieues, s'ajoute la condition précaire de ces jeunes immigrés. Arrivés en France par l'intermédiaire d'un oncle ou d'une tante, ils sont très tôt confrontés à un déchirement émotionnel étouffé tant la psychologie n'a pas sa place au sein des populations africaines subsahariennes. Ainsi, ces jeunes doivent apprendre à grandir très vite. Souvent, tous viennent en Europe pour fuir des troubles politiques.

Il n'est pas rare que de jeunes enfants africains aient déjà été témoins de lynchages et d'actes de barbarie. Donc, à la séparation, s'ajoutent les troubles et la précarité. Une fois venus en France, ces jeunes enfants pris en charge par ces oncles et tantes sont parfois maltraités, dans le secret, puisque devant vivre dans le mensonge administratif. Ils reçoivent moins d'affection que les enfants biologiques dudit oncle ou de ladite tante, sont frappés ou sinon abusés émotionnellement. S'ensuit une situation familiale tendue et chaotique sur des années qui se traduit souvent par l'éviction du jeune migrant qui, sans ressources, avait tenu toutes ces années par le chantage financier opéré par son autorité parentale.

Alors, la tragédie migratoire s'immisce dans la vie de Loïc qui appartient à cette génération de fils d'immigrés laissés pour compte et abandonnés à eux-mêmes. Né au Cameroun, il connaît la déchirure dès le plus jeune âge lorsqu'il quitte son pays natal sans sa mère. Tout comme les enfants de sa condition, il expérimente la violence de la rupture maternelle qui laisse place à des conséquences mentales et affectives chez l'individu, privé de bases émotionnelles nécessaires à son développement. Puis, à cette douleur, s'ajoute le mensonge des lignées familiales dès lors que l'enfant est pris en charge par une parenté qui le maltraite. Là règne le favoritisme dès lors que les enfants biologiques du parent sont davantage aimés, au détriment des neveux et nièces, exploités. Ainsi, l'enfant adopté n'a pas droit à la reconnaissance de son essence. Il est un être opprimé forcé d'exister en groupe familial et ayant pour principe de ne jamais le trahir en raison des liens du sang. Souvent, il ne représente qu'un canal financier à exploiter pour les aides sociales. Cette maltraitance familiale subie par Loïc est fréquente, mais cachée. Loïc Kamtchouang cristallise plusieurs souffrances qui convergent vers lui. En ce sens, il est au même titre que les autres, une victime de la cause migratoire, car ayant subi la politique de l'excellence familiale, sa famille restée au pays, comptant sur lui pour triompher de la misère.

De l'indifférence communautaire

Aujourd'hui la communauté est devenue la risée de la Nation française. Elle fonctionne au sensationnalisme, car souffrant d'un manque de reconnaissance de l'homme blanc. Si un individu lance une vidéo et accuse un Blanc de viol, la meute descendra dans les rues, sans chercher à savoir si les informations sont réelles. On réclamera justice, et ce même si l'information est infondée. Puis, une fois la tension retombée, on passera à une autre affaire. Sans se soucier du ridicule. Il s'agit donc d'une communauté infantilisée, et infantile, facilement exploitable pour la société de consommation.

Dans ce problème de racisme de castes sociales entre Noirs, et d'obsession du Blanc, on remarque donc le silence des médias afro et de la classe moyenne dans le traitement des affaires où les coupables sont des Noirs. Dans un souci d'importer le problème de la violence policière venue des États-Unis, les cas mettant en scène des bourreaux blancs excitent les foules. Pour ce qui relève de la violence américaine, incomparable à celle de la France, nous pouvons parler de vrais problèmes de bavures policières à l'image des cas d'Amadou Diallo, de Rodney King ou de Sandra Bland. Les abus, les meurtres, les viols et les persécutions, de la part des policiers blancs, constituent une violence remontant au temps de l'esclavage. Ils sont réels et ne relèvent pas de l'exception comme en France. Si une affaire semblable à celle du Guinéen-Américain, Amadou Diallo, abattu de 41 balles après que la police l'a confondu avec un violeur en série à New York, était arrivé en France, le pays tout entier aurait péri sous les flammes. Mais, l'esprit malsain qui règne au sein de la communauté africaine hexagonale encourage certains à souhaiter qu'un tel drame prenne place en vue de justifier une violence contre les autorités.

En ce sens, au grand désarroi des sous-intellectuels et leaders politiques afro-français, le pays manque de cas brutaux similaires à ceux de Diallo ou de Bland. Ainsi, les journalistes afros souhaiteraient que leurs théories égocentriques mènent à un contrôle total et à une reconnaissance, une association de leurs visages aux causes les plus perdues afin d'être perçus comme des héros du peuple de la diaspora. Tout s'effondre dès lors que la violence est amoindrie, car elle prouve que la propagande est fausse et irréelle puisque calquée sur le modèle afro-américain. Nous assistons donc à un concours de domination politique communautaire nourri par la culture du vide.

Il y a, dans la violence du Blanc envers les Noirs, une possibilité de capitaliser sur un facteur politique important qui permettrait de créer la division ethnique dans une France se trouvant socialement au bord du suicide. La violence interethnique à l'image de celle de Loïc est beaucoup plus présente, mais délibérément tue, car renvoyant à l'échec de la diaspora qui ne sait soigner ses blessures. Blâmer l'autre est une façon d'ignorer les vrais problèmes de fond. De plus, il ne serait pas assez rentable de capitaliser sur ces tragédies.

Si les violences entre jeunes noirs ne cessent de s'accroître, c'est qu'elles remontent aussi au traumatisme historique. La brutalité de l'esclavage a favorisé la sous-valorisation des

Noirs, de leur esprit et de leurs corps. Habituée aux lynchages et à la violence quotidienne, témoin de la destitution et des assassinats des leaders noirs de façon brutale, c'est avec la culture de la mort que la jeunesse noire grandit.

Un jeune noir lynché ne révolte personne, car nous avons été abattus durant des siècles et avons intégré la torture dans notre espace. Nous n'avons pas la force mentale de dire "non" aux abus contre nos corps, en raison de l'histoire. Au contraire, nous glorifions la violence entre nous, à l'image du rap toujours plus agressif et témoignant d'une dégénérescence sociale qui nous afflige.

Si nous parlons de dégénérescence, c'est qu'il est bon de nous pencher sur les agresseurs. Il n'est pas question d'affirmer ici que le rap est responsable de la violence intercommunautaire. Cependant, pour beaucoup, il la banalise. Ce rap agressif traduit ainsi l'exclusion spatio-temporelle dans laquelle se retrouvent de jeunes descendants d'immigrés. Ils ne possèdent pas et évoluent dans une société au capitalisme toujours plus dur et agressif. Ils expérimentent les handicaps sociaux les plus difficiles, mais font face à une caste sociale dominante, méprisante. Ces derniers comprennent alors que sans argent leur humanité s'effondre. Donc, cette caste sociale dominante étant protégée, la rage intériorisée par ces jeunes explose et se répercute entre eux. Puisqu'ils évoluent dans un système où l'homme noir est au bas de l'échelle, voire inexistant, ils intègrent les codes esclavagistes et considèrent que la vie des autres jeunes Noirs n'a aucune importance, en raison de leur appartenance à une classe faible.

Ces barbares qui sévissent dans la communauté sont les produits de la rage, certes, mais avant tout du conditionnement de l'esclavage le plus brutal. Nous avons été façonnés afin de respecter l'homme blanc dans ses institutions et à n'évoluer qu'à travers sa vision, et ce depuis quatre siècles. Par faute de temps, d'argent, mais aussi par déni. Ce refus de reconnaître nos propres erreurs quant à notre violence intercommunautaire est la raison pour laquelle l'échec est devenu notre mère. La communauté africaine de France est rongée par l'orgueil et se trompe souvent d'ennemi. À la question de savoir qui nous devons combattre, la majorité penserait directement à l'Européen qui représente le pouvoir, sans réaliser que l'oppression est un système d'injustice sans couleur. En ce sens, les rebelles communautaires, très orgueilleux, ont gardé une vision manichéenne destructrice et révolue. Pour contrer cette entité dominante blanche, ils font preuve de méchanceté, d'orgueil, quitte à nourrir l'image fallacieuse d'une communauté indestructible. En vérité, on ne peut pas parler de communauté noire dès lors qu'elle n'a aucun poids sur le plan politique. Le lobbying est un recours, certes, mais cette technique de harcèlement doit s'accompagner d'une puissance financière qui ne risque pas de voir le jour tant le manque de solidarité intellectuelle et commerciale est courant chez les membres de la diaspora qui souffre d'un retard terrible. Puisque faible en tout, la communauté africaine ne peut pas s'octroyer le droit de jouer au plus fort avec la classe dominante qui règne en raison de sa structure. Ce n'est donc pas en hurlant et en criant à la révolte que la communauté noire parviendra à ses fins, surtout quand cette colère anticoloniale est calculée. En effet, elle n'intègre qu'un seul point de vue. Celui de la violence blanche contre celle des Noirs. Donc, il suffit à la communauté africaine d'être manipulée par des codes : oppresseur blanc/victime noire. Nous en avons été témoins récemment avec le cas du jeune Ange Dibenesha décédé à la suite d'un contrôle de police. Plusieurs versions avaient été exposées. Il s'est finalement avéré que le jeune père de famille est décédé à la suite d'une intoxication aigüe à la cocaïne. Il en a fallu de peu à la communauté noire pour se ridiculiser. Avant même que nous n'ayons su quoique ce soit, tous, y compris les célébrités, ont réclamé justice, les facteurs déclencheurs y jouant pour beaucoup : policiers blancs, arrestation, garde à vue, supposée victime noire. Nous avons donc été témoins d'une révolte communautaire en dents de scie illustrée par une explosion émotionnelle qui disparaît brutalement.

En vérité, même si nous ne pouvons nier les cas de violences policières à l'égard des fils de l'immigration, les rebelles de la communauté cherchent davantage à mettre en lumière ces problèmes afin de valoriser leur égo, sachant pertinemment que les combats anti-policiers qui entrent dans le schéma acceptable du combat des révoltés, engendrent une certaine réaction. Ainsi, plus les cas de violences policières éclatent, plus nous favorisons la culture du vide et l'expansion de sous-intellectuels cherchant une opportunité d'être les nouveaux visages d'un peuple avec l'appui des médias afros et blancs. Cette vague doit être dénoncée au plus vite, car elle vise à taire les crimes qui rongent et fissurent le peuple de l'intérieur, à l'image de l'affaire Loïc Kamtchouang. Avant que l'État ne laisse ce jeune homme à son sort, les Noirs, en dehors des membres de l'association, et de ceux qui l'ont connu, l'avaient déjà abandonné. En vérité, Loïc doit, dans la conscience collective, demeurer dans l'ombre, car son existence dérange et révèle à la France entière notre inaptitude à gérer nos structures dès lors que nous nourrissons et protégeons les barbares. Cependant, peu comprennent que la violence policière est liée à la brutalité communautaire dont Loïc fut victime. Le fait que les diasporants tolèrent la barbarie entre eux renvoie une mauvaise image de leur population, qui sera perçue comme sauvage, indisciplinée et criminelle. En ce sens, ce mauvais comportement ouvrira la porte à un plus grand mépris de la part des forces de l'ordre.

Dans l'ombre des travailleurs sociaux

Malheureusement, pendant que ce cycle de lutte anti-policière prend vie, les véritables travailleurs sociaux demeurent dans l'ombre. Cela, j'ai pu le constater de mes propres yeux lorsque je me suis rendue pour la première fois dans le quartier où Loïc fut assassiné. C'est là que j'ai pu rencontrer les membres de l'association Denaba. Constituée d'une dizaine de mamans africaines, comme nous l'avons dit précédemment, l'association fut créée en 2016, à l'initiative de ces dernières afin de lutter contre la violence communautaire. Bien que n'ayant pas bénéficié de l'appui des médias afros, ces mamans ont commencé par s'approprier les trottoirs pour y vendre leurs produits dans la rue en pensant que leur présence suffirait à dissuader les jeunes de s'entretuer. Elles travaillent, mais cuisinent pour le restaurant associatif tous les lundis et vendredis.

Pourtant, malgré leur volonté, elles demeurent dans l'invisibilité et ne peuvent lutter contre un système de dégénérescence barbare. L'isolement des travailleurs sociaux, blancs comme noirs, révèle une disparité totale avec les mouvements de sous-rébellion intellectuelle présentés comme les nouveaux visages d'une lutte qu'ils exploitent. Les travailleurs sociaux souffrent sur le terrain, sans aucune reconnaissance médiatique ; à vrai dire, malgré l'absence de structures adaptées et le découragement qui pourraient les miner, ils ne cherchent pas à être reconnus par les médias. Leur travail est un acte social, politique, mais non politisé. Ces actes sont ignorés, car ils mettent en avant l'humain au premier plan et non l'égo. Car sur le terrain, il y a urgence, mais surtout une absence de déni quant aux problèmes sociaux qui minent la communauté africaine française.

Le sang de Loïc Kamtchouang est notre responsabilité à tous. Nous en sommes tous coupables, par notre indifférence, à nos degrés différents, ou notre mépris injustifié. Nous en sommes coupables dès lors que nous nous méfions d'un groupe de jeunes errant dans la rue. Nous ne savons rien d'eux, mais les jugeons par leur simple apparence qui nous dérange, sans jamais nous demander s'ils ne souffriraient pas de la faim ou s'ils ne seraient pas issus d'un milieu familial dysfonctionnel terrible. Lorsque nous marchons devant eux sans les saluer dans la rue, nous sommes coupables, car cette indifférence est un mépris, un jugement. Lorsque nous acceptons d'instaurer une telle distance, par peur quelques fois, nous devenons défenseurs d'un système de castes injuste reléguant les plus faibles à l'anonymat. Il ne sert donc à rien de nous émouvoir du sort de Loïc si nous continuons à mépriser ceux qui respirent encore, mais qui demeurent dans la précarité humaine. Le reste d'humanité en moi m'a donné la force de me révolter face à l'indifférence, notre indifférence dans l'affaire Loïc Kamtchouang. Je le reconnais. Consciemment ou inconsciemment, nous avons été négligents. Pour le peu que j'ai pu savoir sur Loïc, les habitants du quartier l'ont décrit comme étant secret. Ce trait de caractère en a même effrayé certains. Pendant que les autres garçons noirs du quartier se regroupaient et riaient, Kamtchouang, souvent vêtu d'une capuche qui dissimulait son visage, se tenait toujours seul, à l'écart. Pour ceux qui le voyaient au loin, il donnait l'air d'être dangereux. Celui que le reste de la bande ne veut pas tester, le plus instable, celui que l'on craint. Il ne parlait pas, mais se tenait là, seul, silencieux enfuyant ses mystères. Il ne s'agissait là que de signes d'un jeune homme en détresse. Les témoins que j'ai pu interroger ont tenu à témoigner de sa gentillesse, tout en soulignant le fait qu'il commençait à perdre la tête, miné par la dépression, accablé par sa situation, ne voyant aucune issue, un début de folie s'emparait peu à peu de lui. Selon les dires d'un autre jeune homme qui le côtoyait, Kamtchouang, s'il n'avait pas péri sous les coups, aurait sûrement choisi l'option du suicide, car ne voyant aucune issue à sa situation. En vérité, l'absence de réaction de la communauté suite à la diffusion du lynchage de Loïc ne fut que l'aboutissement de l'expression d'une vie rongée par l'indifférence. Au cours des dernières années de sa vie, il avait connu le rejet de la société. Il errait dans les rues au même titre que tous les autres jeunes, oui, tout en ayant compris qu'il devait se construire sans espérer recevoir la moindre compassion d'autrui. Tous le voyaient assis la tête recouverte, mais très peu se sont arrêtés pour l'aider, car il fut jugé sur son apparence. En ce sens, ce quotidien de mépris, ce sentiment d'inexistence et d'impuissance, l'a plongé dans les profondeurs de la plus grande méchanceté humaine. Son lynchage ne fut que le point culminant d'une vie déjà brisée. Lorsque je me suis rendue pour la première fois sur les lieux du crime, une bande de jeunes noirs se tenaient non loin. Probablement consommateurs de drogues, j'ai fait preuve d'une réaction automatique. J'ai cherché à m'en protéger. Je ne les ai pas salués, les ai ignorés pour ne pas croiser leurs regards, les jugeant différents de moi. C'est seulement une fois rentrée dans les locaux de l'association que je me suis mise à l'aise. Pourtant, ces jeunes ne m'avaient rien fait, mais mon comportement n'était pas bon. Comment pouvais-je me déplacer à Belleville pour Loïc, en ignorant ceux qui partageaient sa condition ? Ils méritaient un "bonjour". Désormais, ils sont les premiers que je salue et avec qui je ris. Qu'ils soient dealers, consommateurs, bipolaires ou tous les maux du monde, ils restent des êtres humains à aimer et respecter avec leurs propres réalités, leurs propres souffrances. Avant même de bâtir une structure pour lutter contre les cas semblables à ceux de Loïc, nous nous devons de briser la malédiction de la distance et du jugement et cela commence par un sourire et des salutations. Ces jeunes hommes noirs sont des êtres brisés, mais évoluant dans une sphère qui leur apprend à tout avaler, tout comme Loïc ensevelissait sa peine en refusant d'être une charge pour les autres.

En s'enfonçant la tête dans une capuche, en se taisant, en enfouissant cet immonde secret, celui de devoir dire au monde qu'il dormait dehors.

Conclusion

L'affaire Loïc Kamtchouang cristallise, à elle seule, les problèmes majeurs qui fracturent la communauté noire de France, à savoir, le problème migratoire, la précarité, la violence, le crime, mais aussi celui de la santé mentale chez les jeunes hommes noirs. La maltraitance familiale dont Kamtchouang fut victime tout au long de sa vie, et la déchirure familiale qu'il connaît à un très jeune âge sont malheureusement courantes au sein des familles africaines où la structure dysfonctionnelle est semblable à la sienne. La tradition voudrait que le sang doive échapper à la délation. Un enfant maltraité se doit de se murer dans le silence, car dans une famille africaine, on ne trahit pas. Pourtant, la violence familiale a perduré bien après sa mort. En effet, l'oncle du jeune homme n'aurait pas hésité à calomnier sa mémoire le jour du rassemblement de 2018, organisé par l'association Speals, en blâmant les choix de son neveu qui seraient la cause de son décès.

La mort de Loïc nous pose aussi la question quant aux limites du bien et du mal. Depuis son assassinat et en enquêtant, je me demande où se trouverait la limite de la culpabilité ? En effet, si l'annonce de sa condition de SDF a choqué bon nombre de membres de l'association, qu'en est-il de ceux qui étaient au courant, mais n'ont rien dit ? Seraient-ils aussi coupables que ceux qui ont asséné les coups ? Il s'agissait là d'un jeune homme en détresse sociale qui, malgré la honte, aurait dû être pris en charge par les services sociaux, et ce malgré son propre refus. On ne refuse jamais de l'aide. Si on la rejette, c'est par honte, par peur de tomber et de plier face au poids du désespoir. En vérité, les individus conscients de sa condition précaire n'ont pas jugé bon de l'aider, car l'ayant condamné, le percevant probablement comme le jeune homme dormant au parking du niveau -2, à la situation bien trop compliquée et qui sera privé d'un grand avenir. Loïc est mort deux fois. La première fut lorsque l'État l'a abandonné à son propre sort et qu'il sombrait dans la dépression nerveuse, et la deuxième, durant cette nuit de juillet, au cours d'un ignoble lynchage.

Je peine à oublier qu'avant de quitter ce monde, la lumière s'offrait enfin à lui. Il avait trouvé un travail et s'apprêtait à occuper un nouveau logement.

HOMMAGE

Poèmes

J'écris pour Loïc, tous les Loïc,

Nous les pleurons quelques fois,

Nous les oublions bien trop souvent.

J'écris ceci afin que le visage de ce jeune
homme,

cette peinture, soit à jamais notre souvenir.

Pour que justice soit faite, pour que la vérité
triomphe,

Pour que nos frères, nos fils, pères, cessent;

Pour que tout cela cesse.

Du Triomphe du Démon de l'Indifférence

Le cercle des gens de bien a peint le visage du jeune martyr.

Il n'avait que 23 ans. Il semblerait que personne n'ait pensé à

apporter sa photo. Loïc sera par sa face, condamné à demeurer

mystère.

Lui, le chanceux à qui l'on attribue un nom et
un visage parmi

les autres nègres inconnus.

Lui, la victime de la machine infernale,
meurtrière, de cette violence

entre frères noirs.

Lui, l'innocent battu sur qui des siècles de
frustrations générationnelles

se sont abattus.

Il ne reposera jamais en paix, mais dans
l'indifférence.

Notre indifférence.

Lui, le soldat inconnu. Le soldat méconnu.

23 ANS

Je me demande alors si Loïc se laissait aller à
rêver

lorsque son corps se tordait de douleur dans le
froid.

Il dormait dans les sous-sols, sans que
personne n'ait

pu le convaincre de lui offrir un toit.

Il s'allongeait à même le sol.

Et se crispait sûrement chaque fois que le vent
glacial

soufflait sur lui.

À tout cela je me demande : où trouvait-il la
force

de feindre que tout allait bien ? Sans jamais
craquer?

Où puisait-il le courage?

PORTRAIT

L'amour le plus puissant triomphe de
l'indifférence.

Il surpasse tout, espère tout, garde l'espoir
quand la machine

meurtrière ne cesse de faucher, de décimer, de
nous voler nos vies

les plus chères.

C'est ce même amour qui pousse quelques
inconnus, émus, à défiler

dans les rues.

C'est cet amour qui a peint le portrait.

De Loïc, il ne reste rien à part ce portrait, les
larmes de quelques-uns

et l'oubli.

Ils battent Loïc à quinze.

Pourtant les passants filment pendant qu'on

frappe le cadavre

gisant au sol.

Sans vie. Sans âme.

MONSTRES

Les Noirs sont devenus des monstres dès lors
que la torture,

le supplice d'un jeune homme noir, ne les
effraie plus.

Plus personne ne cherche à comprendre
pourquoi

nous parvenons à nous massacrer si
sauvagement.

Aujourd'hui les Nègres se contentent de
justifier l'insupportable.

AVORTEMENT

Je deviens mère chaque fois que l'un de mes
frères tombe.

OUTSIDE

Some people do sleep outside.

In the streets.

9 781637 527382